Antonio Hurtado de Mendoza

Famoso entremés Getafe

Barcelona 2024
Linkgua-ediciones.com

Créditos

Título original: Famoso entremés Getafe.

© 2024, Red ediciones S.L.

e-mail: info@linkgua-ediciones.com

Diseño de cubierta: Michel Mallard.

ISBN rústica ilustrada: 978-84-96290-78-5.
ISBN ebook: 978-84-9897-546-8.

Sumario

Brevísima presentación

La vida

Antonio Hurtado de Mendoza (Castro Urdiales, Cantabria, 1586-Zaragoza, 22 de septiembre de 1644). España.

Gozó de notable fama de entremesista y de escritor de obras cortas para la Corte del rey Felipe III y para su descendiente Felipe IV. Para este último en 1621 escribió la *Relación de las fiestas celebradas en Aranjuez*. En 1623, gracias a su vocación servilista y literaria consiguió ser nombrado secretario real y miembro de la Orden de Santiago y Calatrava. En 1632 ejerció de secretario del Consejo de la Inquisición y secretario de la Cámara de Justicia en 1641. Fue amigo de Luis de Góngora, Lope de Vega, Francisco de Quevedo, Juan Pérez de Montalbán y Gabriel Bocángel.

Redactó diversos textos poéticos y dramáticos para la Corte. En su obra lírica, encuadrada en el Culteranismo, destaca la *Convocatoria de las cortes de Castilla*, escrita con motivo de la jura ante la Corte del príncipe Baltasar Carlos, o la *Vida de Nuestra Señora*. Sus poemas fueron en su mayor parte recogidos en *Obras líricas y cómicas, divinas y humanas* (1690).

Fue un poeta dramático de gran éxito, a pesar de que escribió poco y no cuidó bien la edición de sus obras. Entre sus obras teatrales están *El marido hace mujer y el trato muda costumbre* (1631-32) (utilizado por Molière como inspiración para su *École des marts*), *Cada loco con su tema o el montañés indiano* (1630), *No hay amor donde no hay agravio*, *Los empeños del mentir* o *Más merece quien más ama* (esta última escrita junto a Diego Juan de Vera Tassis).

Personajes

Don Lucas
Doña Clara
El mesonero
Francisco
Otro
Un carretero
Un mozo
Un músico

Acto único

(Desde adentro dice un carretero a voces.)

Carretero	Llama esas mulas, ten esas reatas, bestia de un puto, ¡jo! ¡Dale, Anto- ñuelo! ¡Oh, pesia, voto, juro! ¡Dale, mu- chacho!
Otro	¡Ah, cochero hablador!
Carretero	¡Mientes, borracho!
Mozo	«A Madrid caminando vengo de Illescas; tengo el alma quedita, ¡dale, morena!»
Otro	«Calle de Getafe, gigante pardo, galería de polvo, golfo de barro.»
Otro	¿Ahora canta, pesia a su gaznate?
Músico	Aunque le pese, cuero fondo en tinto, cantar quiero y reír y andar holgando, porque ni tengo amor ni soy casado.

(Sale el Carretero.)

Carretero   ¡Oh Getafe, Aranjuez del mismo in-
fierno,
jardín de tapias, selva de capotes,
sayago en talle, en pulidas manchego,
ribera de calor, campo de fuego!
¡Maldiga Dios quien te fundó atalaya
de Toledo y la corte a ser antípoda,
de nubes socarronas,
que llueven polvo y que granizan as-
cuas!
¡Hijo de treinta hombres de las pas-
cuas,
saca cebada, pide luz al mozo!
¡Voto a Cristo, que vienes hecho un
cuero!

(Sale Francisca.)

Francisca   Luego dirán que jura un carretero.

Carretero   Si jura o no, ¿qué debe alcabala?
¿Acaso es suya el alma?

Francisca   Será mía
si yo quisiera toda el Almería.

Carretero   Menos bravura.

Francisca   No hay bravura menos,
que deste curioso palmo de lindura

no hay alma, si es de bien, que esté si-
gura,
todo lo rindo, todo; que si deja
de creerme algún tocho mentecato,
se lo doy a los otros de barato.

Carretero	Tape, abrigue vucé la colerilla, que es la flor de Getafe.
Francisca	Y de Castilla, ¡majadero!
Carretero	Echaré cebada y paja, que luego, reina, se verá quién maja.
Francisca	Camine ya, vucé, señor buen ánima, y no se atreva a mí, que a quien es necio le pego dos moadas de desprecio.

(Vase el carretero. Sale don Lucas.)

Lucas	¡Hola! Saca esa ropa, Escobarrillo. ¡Jesús, qué noche y qué calor! Parece que se ha soltado el mismo Purgatorio. ¡Cual es el Getafillo! ¡Es una perla! De aquí fue natural la primer chinche, patria de pulgas y solar de moscas, de solo verte estoy, a fe de hidalgo, asado en tejas y en adobes frito. ¡Oh maldito lugar! No, ¡muy maldito!

(Mira a Francisca.)

¿Este es Getafe? Tápome esta boca,
doyme una bofetada por lo dicho.
¡Oh príncipe del reino de Toledo,
que tal belleza y hermosura cría!
¡Oh labradora de mayor cuantía!
¿Tal perla en tan vil concha? ¡Oh zurdo
tiempo!
¿En Getafe, en Getafe esta muchacha?
¡Por Dios, que la fortuna está bo-
rracha!
¡Oh qué pedazo tan airoso y lindo!
¡Qué garbosa, qué alegre, qué bonita!
¡Oh bendita ocasión!

Francisca   No muy bendita.
Prosiga vuesasted el anatema,
que si teme las pulgas de Getafe,
todos participamos de esa tacha,
¡que tiene muchas pulgas la muchacha!

Lucas (Aparte.)   (Sazón tiene la pícara, ¡por Cristo!;
quiero quererla, casi amarla quiero.)
Estoy perdido, a fe de caballero.

Francisca   Perdido no, que a lo que yo he mirado,
antes me ha parecido muy hallado.

Lucas   ¡Extremado brinquiño villanesco!
Esto es lo que llamamos «esmeróse»,
y me gusta por la fe de caballero.

Francisca	¿Más caballero? Dios se lo reciba.
Lucas	Tengo Castros, Guzmanes y Velascos.
Francisca	¡Qué probemente que le va de cascos!
Lucas	¿Socarronismo? Pláceme el gracejo. Ea, desvanecerse es lo que me importa, y pienso, niña, que has de solazarme.
Francisca	Mía fe, que está borracho; no lo crea.
Lucas	¡Jesús!, no hay qué pensar; que no eres fea. Quiero hacerte un favor; daca esa mano.
Francisca	Señor, cien veces tonto cortesano: esas caballerescas presunciones las tengo yo rendidas en la suela deste breve distrito de chinela. Sazón, sazón no más, gusto me fecit. Afuera todo amante picardía, que soy, que soy no más que solo mía.
Lucas	¿Cómo ignorante, bárbara mozuela, al Alejandro de Madrid no admites? ¡En tu vida tendrás para confites! Apetece, apetece un dinerante; llevaréte a Madrid, traeréte en coche, dirán a cuatro días:

«Allí va la metresa de don Lucas»,
que yo procuraré lo sepan todos;
que los príncipes, niña, en publicaros
en Madrid, somos todos Condes
Claros.
Daréte el diamantón como este puño,
y tanto que en tu mano azúcar-nieve
brillen más que tus manos y ojos be-
llos:

(Aparte.)   (¡bonitamente llegó a encarecellos!)
Desde San Salvador a San Felipe,
tendrás horca y cuchillo, en cualquier
tienda
en joyas, en vestidos, en tocados,
bien recibidos, pero mal pagados.

Francisca   ¿Ve cuanto ha dicho en fabla tan ridí-
cula?
Pues no valen ni montan sus despojos
un solo cintarazo destos ojos,
que ofrecidos sus rayos soberanos
antes llega a mis pies que no a mis
manos;
que mi cara, ansí Dios le dé ventura,
en la calle Mayor de la hermosura.

Lucas   ¡Ta, ta! Si el interés, niña, baldonas,
¿requiebros finos pides? Pues, atendite,
que en blandas quejas y en melosos quie-
bros
llegaste al mismo Adán de los requiebros.

	Don Fulano de Azúcar es mi nombre;
	va de dulzura; empiezo a derretirme:
	«Mi bien, mi cielo y todo el calendario
	de finezas; después que vi tus ojos,
	escuela de morir puso mi vida.
	¡Oh más dura que el mármol!, paro-
	dije;
	desmáyome, suspiro, pataleo:
	¡piedad, favor, oh ninfa getafeña!
	que creo que me muero, que me
	abraso».
(Aparte.)	(No lo dijo más tierno Garcilaso.)

Francisca   Aun eso de amorido, seor compadre,
                    me cosquillea todos los sentidos
                    y me trabuca lo mejor dellánima.

(Aparte.)   (¡Qué bien lo ha dicho! En viéndole tan
                    necio,
                    tan pesado, prolijo y enfadoso,
                    al punto le marqué por venturoso.)
                    Cese lamentación, don Jeremías,
                    que ese entendimientazo me ha dejado
                    blanda como un guijarro de Torote.

Lucas (Aparte.)   (¡Qué de bien aire le tiré el virote!
                    Yo le parezco bien; ella me agrada.
                    ¡Oh, cómo es la picaña afortunada!)

Francisca   ¿Y no habrá cualque abrazo?

Lucas (Aparte.)   (¡Derrengóse!)
                    Sí, sí, abrazo. ¡Pues no!, ya le recibo.

¿Vesme de par en par?

Francisca   ¡Tome!

(Dale una bofetada.)

Lucas   ¡Ah taimada!
Esto solía llamarse bofetada;
más baja es la región de los abrazos.

(Aparte.)   (¡Jesús, que escupo muelas por pe-
dazos!)

(Sale doña Clara.)

Clara   ¡Oh, qué bien por mi amor!

Lucas   ¿Es doña Clara?
Perdidos somos, que es desconfiadilla:
cosas tiene de dama de la villa.

Francisca   Lindo es el sombrerete y capotejo.

Clara   ¿Cansado de gallinas, abadejo?
Pase adelante la historia,
haya retozo y placer,
habrá hecho de las suyas
cualque poco de interés.
El tomillito salsero
habráse dejado oler.
¡Oh, qué fácil serranía!
¡Oh qué blanda rustiquez!
Buen gusto, señor don Lucas;

ya no podrá parecer
al lado de ningún conde
ni delante de un marqués.
Más asco tengo que celos,
seor don Lucas, quédese
con la villana y sin mí.

Francisca   ¡Mirad con quien y sin quien!
Pero escuche, no se vaya
señora cara de ayer,
que hoy bien se ve que le falta
el socorro de la tez.
Esta carita a la muerte
ha dado mucho que hacer
y a la fortuna de coces,
y al tiempo de puntapies.
Mi brío y mi bizarría
asombro del mundo es,
y quien lo negare miente.

(Sale el carretero.)

Carretero   Eso yo lo juraré.

Clara   Si es carretero es muy fácil.

Lucas   ¡Pléguete Cristo con él!
No hables palabra, que el hombre
zaina descubre la sed;
echando lanzas de vino
viene el diablo: dejalé.

Carretero	¿Qué quiere esa gentecilla?
Lucas	Servir a vuesa merced.
Carretero	A mí no me sirven ninfos. Francisca, ¿qué es esto? ¿Hay qué rebane de un cintarazo o cercene de un revés? Porque si cojo al calcillas, con un envión que le dé le pagaré con las nubes.
Lucas	¡Buen pulso habrá menester!
Clara	Yo pienso que no podrá.
Lucas	Sí podrá; vos no sabéis la fuerza de estos señores, desalumbrada mujer.
Carretero	Pues aguarde la muy...
Francisca	Paso, mi querido Alonso Andrés.
Clara	En fin, quiere a un carretero.
Carretero	Pues, ¿qué había de querer? ¿Un marquesote en ayunas?
Lucas	Tiene razón.

Carretero	Yo tendré lo que quisiere.
Lucas	Es muy justo.
Clara	¡Oh, qué labrador lebrel!
Carretero	Señora galga, ¡por Cristo que le he de dar...!
Lucas	Hará bien; que es muy grande bachillera, y recibiré merced, que el señor don Carretero...
Carretero	No tengo don, ¡pesia a él!
Lucas	Pues yo sé, que es ya muy fácil.
Carretero	Es cuitado.

(Entra el mesonero.)

Mesonero	Téngansé.
Francisca	No se tengan.
Lucas	Sí se tengan; por vuesa merced, esta vez remito el enojo.
Carretero	¡Cómo!

Lucas	¡Qué torpe que anda! ¿No ve que no sabe meter paz?
Mesonero	Quedo, las manos se den.
Lucas	Por el buen huésped, envaino la cólera que tomé.
Carretero	¡Lindo bribón!
Lucas	En mi casa soy alcalde y soy juez: Senténcioles a que bailen. ¿Hablo a sordos? ¡Qué cruel está el señor maese Alonso!
Francisca	¡Ea, bobo! ¡Báilese!, que este par de castañetas por ti tengo que romper. ¡Manto afuera! ¡Arroje el son!
Músicos	¿Qué cosa?
Lucas	No sé, pardiez; vaya un bailecillo al uso que por mí bailará Inés, Francisca o cómo se llama.
Francisca	Canten, que yo bailaré.

(Bailan.)

«Afuera, afuera, que salen
dos mozuelas getafeñas,
hermosura de los cielos,
travesura de la tierra,
sombrerito a lo valiente,
juboncito a la francesa,
avantal a lo celoso,
donairito a lo de ¡mueran!
Un mozo las acompaña,
honra de las castañetas,
el primero que las toma
y el postrero que las deja.
Airosamente lo bailan,
donoso lo menudean
cuando Belisa, cantando,
les dice desta manera:
    Quien quisiere del mundo gozar
ha de acudir, tener y pagar;
no hay que dudar;
que se ha de acudir, tener y pagar;
no hay que dudar.
Excusar requiebros,
no hay que dudar,
y acudir con tiempo
no hay que dudar;
poco de embeleso
no hay que dudar;
mucho de dinero,
no hay que dudar.
Esto los mozuelos

mandan pregonar:
quien quisiere del mundo gozar
ha de acudir, tener y pagar.
Otra mocita en el baile
mostrar quiere su destreza,
cantando al uso de corte
en demandas y respuestas:
¿Cuántos hombres le bastan
a una muchacha?
No le bastan todos,
si los engaña.
¿Y si bien ama?
Uno solo, mozuela,
cabe en el alma.
Quien se vende, ¿qué nombre
tendrá más suyo?
Regatona del cuerpo,
Judas del gusto.
Este es el mundo;
yo apetezco lo bueno,
que no lo mucho.»

Fin

Libros a la carta

A la carta es un servicio especializado para
empresas,
librerías,
bibliotecas,
editoriales
y centros de enseñanza;
y permite confeccionar libros que, por su formato y concepción, sirven a los propósitos más específicos de estas instituciones.

Las empresas nos encargan ediciones personalizadas para marketing editorial o para regalos institucionales. Y los interesados solicitan, a título personal, ediciones antiguas, o no disponibles en el mercado; y las acompañan con notas y comentarios críticos.

Las ediciones tienen como apoyo un libro de estilo con todo tipo de referencias sobre los criterios de tratamiento tipográfico aplicados a nuestros libros que puede ser consultado en Linkgua-ediciones.com.

Linkgua edita por encargo diferentes versiones de una misma obra con distintos tratamientos ortotipográficos (actualizaciones de carácter divulgativo de un clásico, o versiones estrictamente fieles a la edición original de referencia).

Este servicio de ediciones a la carta le permitirá, si usted se dedica a la enseñanza, tener una forma de hacer pública su interpretación de un texto y, sobre una versión digitalizada «base», usted podrá introducir interpretaciones del texto fuente. Es un tópico que los profesores denuncien en clase los desmanes de una edición, o vayan comentando errores de interpretación de un texto y esta es una solución útil a esa necesidad del mundo académico.

Asimismo publicamos de manera sistemática, en un mismo catálogo, tesis doctorales y actas de congresos académicos, que son distribuidas a través de nuestra Web.

El servicio de «libros a la carta» funciona de dos formas.

1. Tenemos un fondo de libros digitalizados que usted puede personalizar en tiradas de al menos cinco ejemplares. Estas personalizaciones pueden ser de todo tipo: añadir notas de clase para uso de un grupo de estudiantes, introducir logos corporativos para uso con fines de marketing empresarial, etc. etc.

2. Buscamos libros descatalogados de otras editoriales y los reeditamos en tiradas cortas a petición de un cliente.

www.ingramcontent.com/pod-product-compliance
Lightning Source LLC
Chambersburg PA
CBHW032115040426
42337CB00041B/1467